D1520072

otros libros por alberto ramos

eighteen

gay

vivido escrito e ilustrado por

alberto ramos

ISBN-10: 1096012529
ISBN-13: 978-1-0960-1252-8

mi gente arcoíris.

esto
va por vosotros.
estoy enamorado de
vosotros. siempre lo he estado.
esto siempre ha sido por vosotros.

índice

prefacio

gay
es una labor de amor
en honor al arcoíris

carta para la gente arcoíris

mis coloridas vidas.
venid a sentaros.
aquí estáis a salvo.
quitaos el peso de los hombros.
descansad el alma en estas páginas.
ya estáis en casa.
lo único que os pido
es que uséis la hermosa palabra
que da nombre a este libro
para recordar
que mientras las noches sean frías
y el mundo grite en nuestra contra
– debemos seguir amando.

enamorado de vosotros

Alberto Ramos

salir

se me encoge el corazón
cada vez que veo un alma romperse
por mostrarse tal y como es

— *salir*

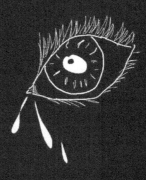

me dices
no eres más que una desgracia humana
tú y tu culo gay os pudriréis
en el infierno

yo oigo
desearía ser
tan valiente como tú
para decirle a mi mundo
para contarle a mis padres
quién soy
sin importarme
no ser más que una desgracia humana
para ellos
pero una feliz

— *cumplido | jaula*

no se trata de entender.
se trata de
intentar
entender.

estoy harto
de salir del armario.
cada mañana
y cada noche.
salir de armarios
es todo lo que hago.
cambio y
cambio y
cambio en la búsqueda
de mí mismo
y al final siempre
acabo teniendo
que reintroducirme de nuevo
al mundo.

(homenaje a *con amor, simón* de becky albertalli)

la homosexualidad.
es
una atracción
romántica
emocional
y/o
sexual
duradera.
hacia personas del
mismo sexo o género.

— definiciones

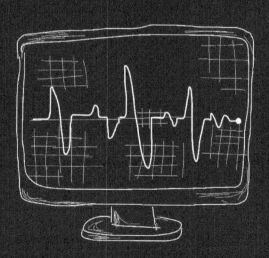

la homofobia.
es
una enfermedad degenerativa
que
mata al corazón humano.
una forma de miedo
que incapacita
al individuo que la sufre
de su habilidad innata de
empatizar
con formas de amor.

— definiciones ii

bajo las blancas paredes.
donde gente de *fe*
nos enseña a ser quien no somos.
nos agrede para que seamos quien no somos.
nos humilla para que seamos quien no somos.
nos viola para que seamos quien no somos.
nos mata para que seamos quien no somos.
bajo.
las blancas paredes nos estamos
muriendo cada día.
aunque sigamos respirando.

— terapia de conversión

imagina ser torturado hasta convertirte
en lo que no eres.
la terapia de conversión
es la práctica de torturar a una persona
hasta que no reconozca quién es.
a través de
castración química.
lobotomías.
descargas eléctricas (especialmente en genitales).
reacondicionamiento masturbatorio.
drogas duras varias.
entre muchas otras formas de tortura.
la gente es abusada y maltratada
por su identidad homosexual
en la búsqueda de su inexistente heterosexualidad.
los verdaderos resultados son
personas químicamente castradas.
personas severamente traumatizadas.
personas suicidas.
personas drogadas.
que siguen siendo gay.

— *hoy día la terapia de conversión sigue estando en*
   práctica legalmente en países de los 5 continentes

(una noche de abril de 2019)

la primera vez que amamos.
tan alto
que la luna pudo oírnos.
nos despertamos
entre
sangre
y disturbios.

— stonewall inn. nueva york. 28 de junio 1969.

cuando pienso en el 50 aniversario del amor.
del arcoíris.
en
una madrugada de junio allá por 1969.
no puedo evitar compartir la sangre
de los millones de personas que murieron para que
nosotros seamos. en paz.
de los millones de personas que murieron para que
este libro pudiera nacer.
y
me despierto con lágrimas en los ojos.

— agradecido | indignado

tu crueldad
es un veneno
que
aunque lo escupas
(en mí)
siempre volverá a tu boca.
siempre
encontrará el camino de vuelta
a tu boca.

— *origen*

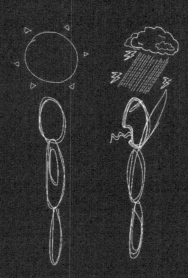

escondido.
en un antro clandestino.
y
siempre alerta.
encontraré el amor.

— *historia del arcoíris*

abatido.
en una piscina de mi propia sangre.
pero
ahogándome en la humillación.
estaré a punto de perderlo.

— *historia del arcoíris ii*

eso es lo peligroso de
que te odien por respirar.
no tienes nada que perder.

— *ganar*

lo único
que pido
si
alguna vez me matan en un intento
de ser yo mismo
es que los arcoíris
se beban mi sangre
antes
de que pierda todo
su color

— *transfusión*

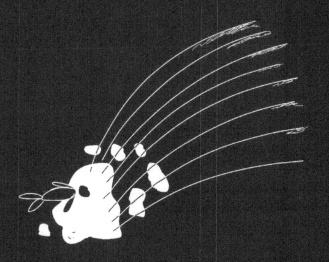

cuando tú.
como madre/padre (educador).
como profesor (educador).
como familiar (educador).
como amigo (educador).
como desconocido (educador).
enseñas a alguien
a faltar el respeto.
incubas la semilla de odio.
en el corazón de su mente.
qué es lo que esperas exactamente que ocurra.

— *educar en el ejemplo*

si no nos has respetado. en ciertos modos. e incluso
has justificado tu falta de respeto como falta de
comprensión. como si uno no pudiera respetar algo
que no entiende.

si no nos has apoyado. en ciertos modos. cuando más
falta hacía. porque te negabas a ver lo que yacía en
mitad de tus ojos. frente a tu misma mente.

si no te hemos importado. en ciertos modos. en
determinados momentos y sobre determinadas cosas.
cuando hacía falta. ya que tenías otras prioridades que
eran más importantes.

eso es perfectamente aceptable. y no significa que no
respetaste. apoyaste. o te preocupaste en absoluto.
pero no respetaste. apoyaste. ni te preocupaste lo
suficiente. o de las maneras y lugares que era
necesario.

— preguntas a tus respuestas
en forma de respuestas a tus preguntas

cómo vas tú a enseñarme
a ser valiente cuando la valentía
es ajena a tu persona
cómo pretendes hacerme ambicioso
si la ambición es tu mayor enemiga
cómo vas a enseñarme
a respetar si desconoces
lo que es el respeto

cómo vas tú a venir aquí
a predicar sobre el amor
cuando el odio
es todo
lo que te mueve

— *ejemplo | incapacidad*

no te conviertas en una guerra.
solo
porque quieras que las cosas funcionen.

— *permanecer*

si nuestra mera existencia
es una provocación para ti
cómo podemos vivir en paz

— *la guerra por una vida digna es la más sangrienta*
    de las guerras

a menudo
me pierdo
más de lo que me encuentro
en las palabras

— *estereotipo*

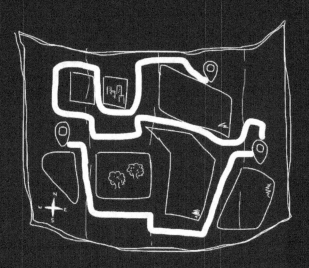

en qué mundo
soy yo el cruel
por exponer
la crueldad
por manifestar
lo cruel
que tú
has sido
conmigo
con nosotros

— *distorsión*

si quieres saber
lo que el miedo le
ha hecho a nuestras
vidas tan solo mira
cuantas almas
siguen queriendo
encontrar el amor en
la violencia en lugar de
dentro de sí mismas

— *la ultraviolencia es un corazón que se esconde*

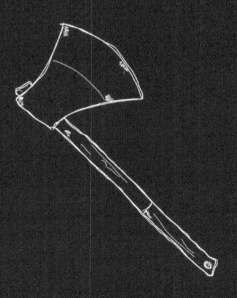

después de haber manipulado según su conveniencia
no solo colegios
sino sistemas educativos en su totalidad
después de tomar control en el gobierno
para imponer sus creencias
después de dominar los medios
las masas
la literatura
la industria musical
imponiendo el miedo
haciendo de la muerte un negocio
después de poner de rodillas a miles
de niños
no para rezar
sino para otras cosas
sobre las que no pueden consentir
después de amenazar las vidas de aquellos
que se niegan a contribuir a
su ideología discriminatoria

siguen teniendo la cara de decir
que soy yo quien está adoctrinando
cuando beso a mi pareja
en medio de la calle

— *dictadura religiosa*

encontraré
el amor
entre los disturbios.

el amor
me encontrará
entre los disturbios.

estas vidas nunca estarán tranquilas
en paz
hasta que aquellos
que no tienen ni idea de lo que es
andar en estos zapatos
dejen de decidir
qué zapatos van mejor
para soportar
nuestros pasos

— *la consecuencia de tu incoherencia es nuestra*
   muerte

la opresión
es una sombra que
me acecha.
nos acecha.

— furtivo

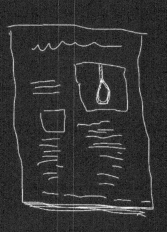

convertirse en guerrero o en un número más.

— *decisiones tempranas*

la fe y/o religión.
son internas. e individuales.
poderes superiores traducidos para algunos como
dios
energía
el universo
u otras cosas del estilo
no requieren de iglesias ni masas.
eso lo añadieron los humanos.

por lo tanto los lugares de culto
que dañan discriminan
o promueven el odio
son un fraude.

— el mayor autoengaño de la historia

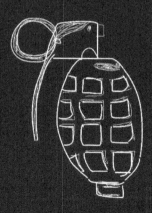

nunca permitas que su miedo
a afrontar su verdad
te haga perder la tuya

— *encontrar*

las verdades que duelen
son
también
verdades.
son
las verdades
más
importantes.

— sal

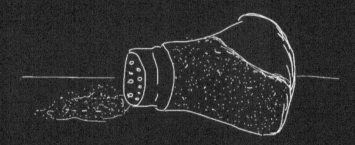

no me devuelvas
en privado
lo que me arrebataste
públicamente

— *hipocresía*

nunca cuestionaría tu derecho
a tener fe en algo
eso no es asunto mío
lo que sin embargo cuestiono
son las intenciones de
indoctrinar creencias discriminatorias
enmascararlas como *educación*
arrebatando millones de vidas
y llamar a eso fe

— *porque es una mentira sinsentido y un genocidio*

homofobia y odio.
homofobia y vacío.
homofobia y miedo.
homofobia y estupidez.
homofobia y sinsentido.
homofobia e ignorancia.
homofobia e irracionalidad.
homofobia y homosexualidad latente.
homofobia y tendencias homosexuales.
homofobia y deseo sexual homoerótico.

— *sinónimo | máscara*

cuando viajo por el este. o hacia el sur.
es cuando más en peligro me siento. todos estos ojos
carnívoros intentando devorarme. todas estas leyes de
ignorancia odio y fanatismo. todas sus cruces. contra
mí. como de la nada. y apenas puedo encontrar un
lugar seguro donde ser.

si voy al norte. el sabor es agridulce y aunque parezca
inofensivo a simple vista en ocasiones me engulle
vivo de un solo bocado.

cuando estoy en occidente. sigo pudiendo sentir cómo
el odio en su forma más sofisticada aterriza sobre mí.
aún puedo ver sus cruces clavándose sobre mi piel.
es esta perversa sutileza la que más me asusta porque.
no les veo venir. no puedo verlo venir.

estos días. ya ni sé adónde ir para ser. en paz. a salvo.
porque este zumo de odio. hizo que algunas partes de
mí se convirtieran en algo menos humano. algo más.
ser. que el resto de nosotros.

— brújula

quiero
ser racional y comprensivo.
pero
también quiero ser tratado como algo que aún respira.
un corazón humano.
porque
cuando estoy a punto de tocar mis derechos
con los dedos
después de todos estos años
buscándolos
y
tú los tiras al suelo
escupiendo en ellos. en mí.
racional.
es precisamente lo que no puedo ser.

— *la paciencia no es un recurso infinito*

claro que estoy furioso
si durante miles de años
el mundo se ha estado bebiendo
toda la sangre del arcoíris
y su sed es insaciable

poder ocultar lo que eres tan fácilmente
puede ser toda una tragedia porque
uno no puede pintar su tono de piel
más blanco u oscuro
para engañar fingiendo ser lo que no es
no hay más opción que aceptarte
sea lleno de amor o de odio
tampoco puede uno tan fácilmente engañar
sobre género etnia y raza

pero
es tan
increíblemente
terriblemente
fácil
para muchos en el arcoíris
decir ser
lo que no eres
y
negar quien de verdad eres
en el proceso

— *origen del arcoíris | fingiendo*

tu cruda homofobia (ignorancia)
se mueve rápido por mi garganta
pero
será a ti
y no a mí
a quien ahogará
finalmente

la acción de amar.

— *disturbio*

ha tomado muchas vidas.
mucho dolor
y
mucho amor.
dar a luz a esto.
cómo
podrías no sentirlo.

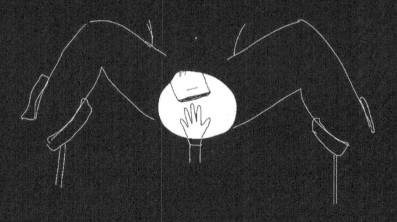

lo mínimo que la gente
arcoíris
se merece
si
alguna vez no pueden vivir sus propias vidas
es tener la opción al menos de
leerlas
verlas
sentirlas
en otros lugares

— *representación*

con cariño. quiero pedirle a mi preciosa gente.
del arcoíris.
que calmen sus
acuchillados corazones.
y escuchen
estas historias.

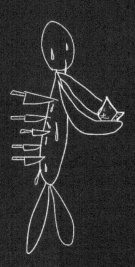

necesitamos
más
literatura arcoíris.
cine arcoíris.
series arcoíris.
canciones arcoíris.
nombres arcoíris.
gente arcoíris.
en los grandes carteles.
y
en los pequeños hogares.
en los colegios.
en los campamentos.
en los parques.
en las calles.
en las mentes.
esta
falta de representación
se muere de sed
y la falta de colores
nos está bebiendo vivos.

— *lluvia*

algunos temen tu luz.
algunos adoran tu luz.
algunos odian ver tu luz.
algunos ven sus fracasos en tu luz.
algunos se mueren de envidia por tu luz.
algunos se sienten intimidados por tu luz.

— tu luz | razón

kallman 1952.
heston y shields 1968.
pillard y col. 1981 | pillard y weinrich 1986.
zuger 1978.
henry 1941.
bailey y pillard 1991.
kenyon 1968.
kinsey y col. 1948.

son estudios empíricos y relevantes que discuten a
través de diversos métodos (como gemelos idénticos/
monocigóticos) porqué la homosexualidad es
entre otras cosas de una predisposición genética.
conectándola así con el esencial trabajo de biología
evolutiva de darwin *el origen de la especies por
medio de la selección natural* publicado en 1859. que
constituye el mayor exponente de la mundialmente
aceptada teoría de la evolución. explicando a través de
la supervivencia del más apto. porqué ha preservado
la homosexualidad como comportamiento adaptativo
y no se ha extinguido. por las ventajas que concede
a otros individuos de cara a la reproducción y a la
preservación de la especie humana.

no solo la especie humana sino un amplio número
de especies en el reino animal. practican actividades
y comportamientos homosexuales ya que viene de
sus propios instintos naturales hacerlo.

también hay gran cantidad de pruebas de conductas
homosexuales. en forma de trabajos literarios. objetos
de arte. materiales mitográficos. entre muchos otros.
desde la antigua grecia al este de asia y nativoamérica.
miles de años atrás. libres de juicio alguno. antes de
que un crimen antinatura ocurriera. la mayor atrocidad
contra el arcoíris. jamás cometida.

la iglesia y la religión. tomaron el control con su
enferma. aterradora. indigna. creencia de homofobia.
inculcando finalmente. con su enorme poder.
la enfermedad que la homofobia es. en los valores
de la gente. con la única *evidencia empírica* de un
libro escrito miles de años atrás y mal traducido. no
disponible al público que la predica ya que el original
se halla escondido en el lugar más seguro de la tierra.

la mera idea de que una atracción sentimental afectiva
o sexual en dos seres del mismo sexo esté mal es
irrisoria para la ciencia. para antiguas civilizaciones.
para el reino animal. para la teoría de la evolución. y
para cualquiera con una pizca de sentido común. pero
para la iglesia va en contra de la *naturaleza*. y por ello
he de admitir que siento una gran curiosidad por saber
de qué naturaleza hablan. a qué naturaleza pertenecen.

— naturaleza

tu incapacidad
para darte cuenta
del daño que haces
no
te exime
de responsabilidad

siempre
estoy bailando.
contigo. para ti.

— *la mentira*

(homenaje a *salt.* de nayyirah waheed)

siempre
estoy bailando.
contigo. sin ti.

— *la verdad*

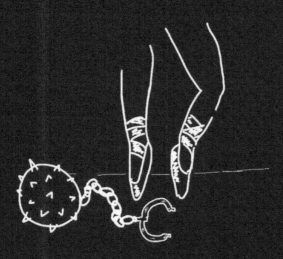

elegimos convertir
nuestras miserias en
el deleite de las próximas generaciones
proyectando en ellos
no el dolor que debieran sufrir
sino la empatía en la que deben convertirse

así es como enseñamos a amar

— enseñar es un acto de compasión

no hay de qué preocuparse.
si la noche
vendrá
y nosotros
seremos jóvenes de nuevo.

tu mente
es el ser más atractivo
de este lugar.

la sientes respirar.

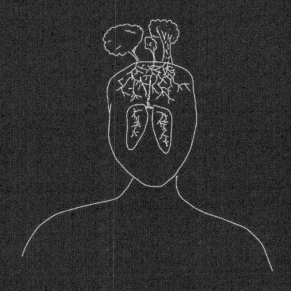

recuerda.
mientras seas agua.
el barco
vivirá sobre ti.
para ti.
y por ti.
nunca al contrario.

— *huésped*

si el hacer lo que
te hace feliz
molesta a tu círculo
tan solo debes
encontrar uno nuevo

— *cambios*

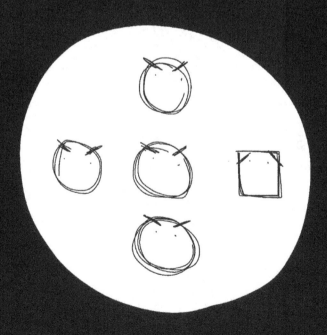

cada vez que me dicen
odia el pecado
pero
ama al pecador
imagino un puñado de ramos de flores
un bufet de cinco estrellas y
una orquesta con bailarines
una celebración en el nombre
del desprecio a uno mismo
ya que este
es el día
en el que me caso
con mi verdugo

— *síndrome de estocolmo*

por qué
cuestionas mi rabia.
cuando es alimentada únicamente
de tu ignorancia (miedo).
como hombre gay.
he sido oprimido
por tanto tiempo como puedo recordar.
tiempos de vidas valiendo menos
que las páginas de un libro.
muchas vidas en mí.
viviendo. escondidas.
cómo podría otra reacción
venir a mí de manera más natural
que la ira.

— la ley de acción-reacción | el efecto mariposa

este amor
envenenado

— *odio*

tal vez.
no lo entendiste
porque
no ha sido
diseñado para ser entendido
por ti.

— inclusión

la historia
que es olvidada
más a menudo es
la historia del arcoíris

luchar y luchar y luchar
desde entrar hasta salir.
tiene consecuencias.

— cicatriz

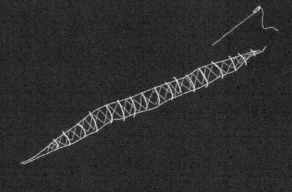

gay

nunca debería tener que elegir entre
ser yo mismo o conseguir un trabajo
ser yo mismo o vivir una vida digna
ser yo mismo o tener un bebé
ser yo mismo o ser respetado
ser yo mismo o ser acosado
ser yo mismo o tener éxito
ser yo mismo o casarme

— *opciones*

exponer
la verdad
en frente
de sus propios ojos
no será suficiente
para que la vean
si no quieren hacerlo

— *abierto*

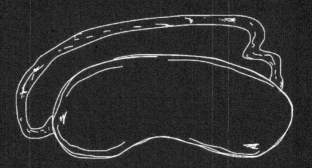

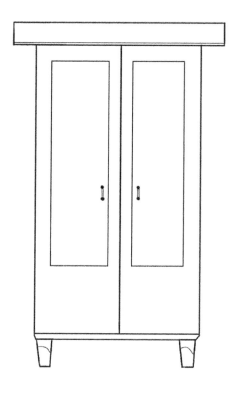

entrar

magia es
ser enseñado a ser invisible
pero
acabar convirtiéndote en una tormenta de estrellas.

— entrar

corazón
alma
y mente
deben abrirse
primero
para que el amor suceda

— *dispuesto*

alberto ramos

siempre estoy
yendo
y viniendo
al lugar donde
la irracionalidad
es la única cosa racional

— *viajando | hogar*

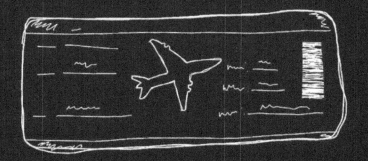

es culpa lo que inunda tus venas.
nada que yo pueda arreglar.

— *medicina*

porque estamos hartos de
escuchar. ver. vivir.
vidas que no son las nuestras.
historias
que no son las nuestras.
contadas para nosotros. hechas para nosotros.
hartos de tener que traducirlo todo
para sentir que de alguna forma nos pertenece.

— nombre

cuando toda línea haya sido cruzada
toda barrera y límite
derribados y
te preguntes
dónde fue
que te perdiste
dónde te dejaste
cuando
se fue

— *luto a uno mismo*

mi gente.
del arcoíris.
lo merecía.

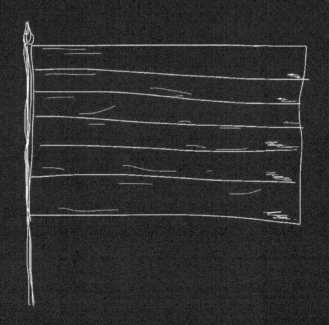

gay

deberías haber sabido
que cada vez que rozas el arcoíris
una persona de allí un color del mismo
todo el cielo se rompe y no deberías obligar
a estas montañas de ignorancia a aplastarte
estas aguas rugiendo ante el recuerdo
de cada vez que los colores fueron
tocados con las intenciones sucias

no querrás
ver eso

o quizá
eso es exactamente
lo que viniste a ver

— *incitación*

me estoy acostumbrando
a verme
en las cosas
que no soy

— *heteronormatividad*

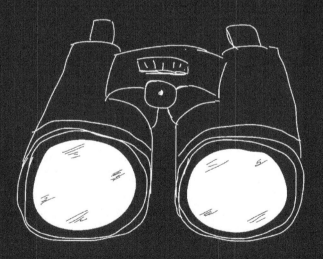

mantener a alguien con vida
algo inerte que respira
no
significa
cuidarle

— *abuso mental*

el mundo escupe en tu cara
cada día
quién eres
y tú sigues sin saberlo

dime mi vida
alguna vez te sentiste
atrapado dentro de ti mismo

debe de ser algo tan bello.
decir *me gustas*.
libre. de miedo.

— *privilegio desconocido*

estoy tan cerca
y a la vez
tan lejos
de casa.
es aterrador.

— *trans*

ahora que rompiste
mi vida en dos
qué se supone que debo hacer
con todos tus *perdón*

no
nos tocamos
por miedo

— *contacto | el dilema del amigo hetero*

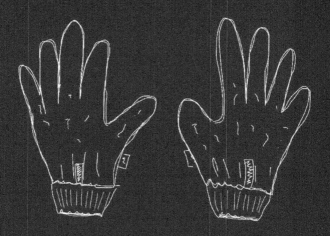

sentía como si todo el tiempo
hubiera estado rodeado
de cuerpos sin vida
cuyas bocas llenas
hablaban más mientras
menos sabían

borracho
de amor y miedo
es como pierdo de vista
el último suspiro
de amor

que te impongan
en el lugar
que debería ser
una patria para tu corazón.
por quien
debería ser
un cuerpo para tus brazos.
que debes
respetar la homofobia
porque es
tan solo una forma de pensar.

— *la definición de la crueldad*

y si al final estoy enfermo
después de todo y si
tienen razón y no
debería
existir

— *autoengaño | forzar el odio en nuestras gargantas*

aunque me rompas en dos. una y otra vez. eso no
significa. que automáticamente. deje de quererte. que
mi amor por ti se drene. aunque yo deseara que así
fuera. algunas cosas no se eligen tan fácilmente. no
puedo ajustar mis sentimientos según mi propia
conveniencia. de lo que debería o no debería ser. dejar
de amarte. desconectarte de mi piel. es un proceso.
así que. que me dañes. no significa que no te quiera.
aún roto. decepcionado. traicionado. te quiero. es
simplemente una forma distinta de amor. no un amor
puro. no un amor saludable. ni un amor orgulloso.
pero sigue siendo amor. y aunque siga tratando de
aprender cómo dejar de quererte. cómo deshacerme de
lo que sea que me ate a ti. a pesar de que no me guste.
no puedo negar. que en este preciso instante. llamado
presente. aún te quiero.

— *a veces las personas y emociones son complejas*

cómo podemos hablar
el idioma del amor
cuando la violencia
fue nuestra lengua materna

no siempre
tenemos porqué estar
encaminados
hacia
la mejor versión
de nosotros mismos.
a veces.
hace falta
tocar.
explorar.
nuestras partes más oscuras.
para asegurarnos de cuál
es realmente
nuestra mejor versión.

encontraré algún día un hogar
en mi propia piel

— patria

necesito tiempo para cerrarme
para cicatrizar el haber sido
una puerta corredera
como medio para permitir
a otros
entrar y salir
cuando fuera
conveniente

— *estar ahí para todo el mundo puede consumirte*

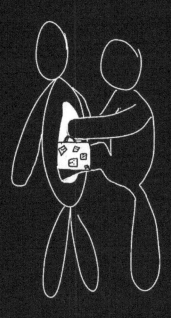

estoy tratando de desaprender lo que me ha sido
enseñado. en mitad de este caos. donde nadie es
culpable por nada pero todos tienen a alguien a quien
culpar. he estado deshaciendo. muchas vidas dentro
de mí. una y otra vez. lo que ha sido arrancado de este
cuerpo desde que fue creado. este caótico derecho a la
dignidad por el que se supone que debo luchar tan
fervientemente.

he estado alimentando a mi joven corazón.
intentando procesar el hecho de que tu alma muere de
una inanición tan densa. que no puedes evitar escupir
tus prejuicios. tus vísceras. tan duramente contra mí.
pero no quiero que me ahoguen. no te quiero. en mi
vida. no me importa lo familia amigo o compañero
que seas. estoy aprendiendo. contra todo pronóstico.
a ser asertivo. y si te señalo la puerta que invita a
abandonar mi vida en mitad de todo esto porque no
solo no contribuyes a mi crecimiento. sino que lo
retienes. por favor. limítate a recogerte. enteramente.
todo lo que de ti quede por estos lugares. y vete.

— *asertividad*

si
alguna vez te *expongo*.
no es porque me importe que
tú.
lo hayas hecho.
ni lo que otros pensarán
sobre ti.
esto no es sobre ti.
este
soy yo queriendo
vivir mi verdad.
alta.
clara.
intensamente.

cuando más me dispongo
a escuchar quién soy
todo
este ruido sinsentido
no me deja oír palabra

— el ruido del odio | ruido religioso

aunque
digas que lo sientes
aunque
de verdad lo sientas
aún necesito tiempo
para curar un millón
de fuegos en mí

— *el perdón*

mi piel se rompe
pero
es tu cuerpo el que rompe a llover sangre.
porque somos familia.

— empatía

si echar en cara el favor que hiciste
contra la persona a quien se lo hiciste
fue el motivo de hacerlo.
es mejor que no hagas nada.

— *alquilar no es dar | dominar*

qué pasa con ser
arcoíris y ocultarlo
no hablar ni mostrar
lo que más naturalmente
viene de ti qué pasa
con esconder tus raíces
para ser gustado
o para no ser odiado
para estar a salvo
o para no ser perseguido
qué pasa con esconder
al arcoíris

— vergüenza en el propio arcoíris

ser forzado
a decir quién eres
cuando no estás listo.
cuando no estás seguro.
cuando no quieres.
porque así será más fácil.

para ellos.

— *apelando a sus buenas intenciones. una vez más.*
  aún a costa de tu salud mental.

no tenemos palabras en las que encontrarnos.

— *baño* | *océano*

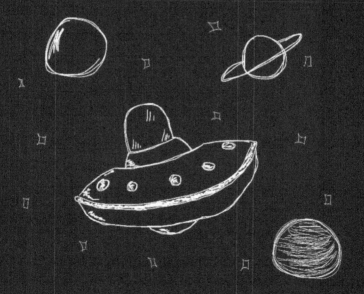

ha sido un duro aterrizaje.
tu aire en mis pulmones.
tus lágrimas en mis ojos.
tu corazón en mi pecho.

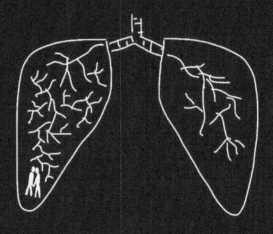

y hay noches en las que desearía ser todo lo que se
espera de mí. en las que la lucha se vuelve agotadora.
hay noches. en las que el dolor enciende un deseo en
mí. de acabar con cada pedazo de mi ser que les hace
odiarme. en las que mi corazón sufre ataques de
ansiedad y lo único que ruega es no tener que luchar
constantemente por cada bocanada de aire.

mi dulce amor. hay noches. en las que mis pulmones
suplican por aire. y yo solo les doy resistencia. mi
vida. si tan solo te contara sobre esas noches. en las
que mi alma deja mi cuerpo y empieza a jugar con mi
sangre. te aterraría. si te contara sobre las veces en las
que el suelo se traga a sí mismo bajo mis pies y no me
queda otra que caer.

pero cuando llega la mañana. y me convierto en algo
menos humano. más ser. me gusta pensar que el sol es
un aliado. un amigo. mientras ilumina mi rostro. me
siento algo menos solo. menos dolido. bajo la enorme
maravilla brillante. cuyo brillo esconde todo lo que la
noche engloba. todo lo que implica. mi amor. algunas
noches son duras pero. cuando la mañana llega.
me siento algo más renovado y fuerte.
para seguir fingiendo.

— conversaciones con la luna

perdón
puede ser
una palabra muy graciosa.
especialmente
si es dicha después
de destruir
la última pizca de bondad
de un cuerpo.
después de robarle
el último atisbo de vida
a un alma.
después de romper
el último trozo de confianza que quedaba.

— *una palabra no bastará para arreglar este desastre*

el mundo nos enseñó mejor que a nadie
que la sangre es la sustancia roja
que corre por nuestras venas y arterias.
llevando oxígeno y dióxido de carbono.
esa cosa que entra y sale
en olas
de nuestros cuerpos cuando el odio viene
y nos mostramos tal y como somos.
nos enseñó mejor que a nadie
que este fluido rojo puede ser visto
en muchas formas y maneras.
y ninguna de ellas significa
amor incondicional.

— fluidos poco familiares

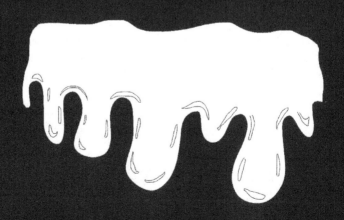

la masculinidad tóxica no es:
- tomar una cerveza con los amigos.
- practicar deportes.
- disfrutar de cosas tradicionalmente masculinas.
- tener barba.

la masculinidad tóxica es:
- ahogarte por y en tus emociones por no expresarlas.
- la idea de que los hombres no pueden ser padres solteros.
- dar por hecho que los *hombres de verdad* siempre deben tener un rol dominante en una relación.
- expresar tu sexualidad de forma agresiva.
- pensar que los hombres no pueden ser víctimas de abuso y hablar de ello es motivo de vergüenza.
- tratar a las personas (especialmente mujeres u hombres con actitudes femeninas) como objetos sexuales.
- sentir miedo de expresarte. emocionalmente.
- juzgar o abusar de otros hombres que no muestren rasgos o comportamientos comúnmente masculinos.
- la idea de que una atracción de cualquier tipo hacia temas considerados estrictamente femeninos signifique la castración de un hombre.
- acudir a la violencia para resolverlo todo.
- asumir que cualquiera de estos puntos es lo que un *hombre de verdad* es o hace.

a veces las llamas emanan
tan naturalmente de mí
que no puedo evitar ansiar
una conversación sobre fuego
aún cuando todo lo que me rodea
son mecheros de pega y
cerillas mojadas

si todo lo que digo lo conviertes en ofensa
dime por qué
te molestas en preguntar

— *o por qué debería molestarme en contestar*

ni siquiera sé
cómo ser yo
en algunos sitios

— *permitido*

ojalá alguien
me hubiera enseñado
mientras crecía
que los arcoíris
también dan a luz
a historias
en forma
literaria
cinematográfica
y humana

— *formación*

he bebido
tanto zumo de odio
lanzado desde ventanas de coches
que creo que me estoy
convirtiendo en el océano

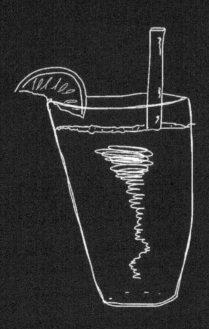

el significado del amor
se lo enseñaré a mi hijo
cuando se pregunte
cómo puedo
ser feminista y hombre
cómo es posible

leche y miel gotearán
de mis labios mientras
le explique
claro que puedes mi vida
lo primero que debes entender
es que tus emociones
no son
lógica objetiva
a diferencia de lo que la sociedad te enseña
y todo lo que difiera de ellas
no es
un ataque directo a tu persona

— *el legado del amor*

(homenaje a *leche y miel* de rupi kaur)

siempre son los más privilegiados e incoloros
los que tratarán de sostener el lápiz
que cuente tu historia.
diciéndote los problemas
que has enfrentado
y los que no.
las cosas
por las que tienes derecho a sufrir
y las que no.
hablándote del dolor.
de ser tú.

— *homofobia para dummies*

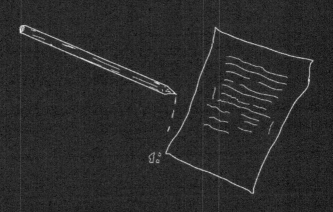

desde el momento en el que nace
tu hija
está hambrienta por
educación.

aliméntala.

— *nutrición*

si no es sangre arcoíris
lo que corre por tus venas
quién eres tú para hablar
en nombre de sus lágrimas

— ser

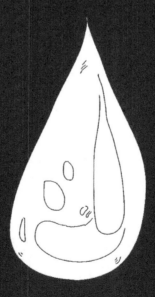

no es tarea fácil dejar de
esperar lo peor de todos
cuando eso es exactamente
lo que siempre te dieron

— *secuela*

hay noches
en las que el mundo
trata de beberse
todo el agua de mi boca
y no me queda otra
que convertirme en mar

— *ósmosis*

tu sed por la aclamación pública
no debería tener un rol
en nuestras batallas
nos alegramos
de que tus vacaciones
en la tierra de los menos privilegiados
fueran satisfactorias
pero esta
no es
tu tierra
y esta no es
una lucha que tú representes

— *falso | aprovecharse del arcoíris*

quiero
que las historias. los problemas. las obras. y el amor
arcoíris.
sean representados por
cuentacuentos. almas. personajes. y amantes
arcoíris.

— real | contexto

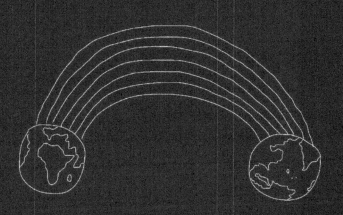

antes de interpretar el papel de la ofensa fingida
espero que recuerdes
cuando ella trató de alejarse de él
y él le plantó un beso en los labios.
cuando ella trató de marcharse
y él la agarró por la cintura.
cuando ella lo rechazó
y él la atacó.
o
cuando él la ignoró
y ella le agarró la entrepierna.
cuando él la rechazó
y ella le siguió acariciando el pecho.
cuando él la bloqueó
pero ella siguió insistiendo.

porque ahí fuera. lejos del arcoíris.
los límites son ignorados todo el tiempo.
cuerpos vacíos que fuerzan
violentamente su camino hacia ti.
pero aquí. en el arcoíris.
se nos juzga. se nos amenaza. se nos insulta.
por sonreír. por mirar a alguien.
durante *demasiado* tiempo.

— *la doble moral*

casi lo había
olvidado.
gracias.
por recordarme
quién
eres.

— traición

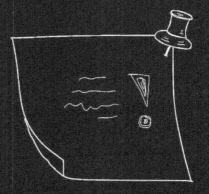

dime mi vida
pudiste verles en mis sombras
conseguiste que sus bonitas caras
llenaran el vacío que
quedó en ti
cuando me fui
alguna vez tocaron tu mente
hablaron con tu mente
sostuvieron tu mente
como yo lo hice

— *las cosas que solo yo pude hacer(te)*

siempre he sido
terreno minado.
de mariposas.

quizá creas que no es más
que el simple anhelo por
el contacto carnal y vacío
pero en realidad
tan solo es
una eterna búsqueda
de calor

— *carencia*

sigo sin saber
si te recuerdo cuando me rompo
o me rompo cuando te recuerdo

quiero un amigo en cuyo pecho pueda descansar
cuando el mío no pueda aguantar más el peso de
la ansiedad. la presión latente. unos brazos en los
que caer cuando la vida se rompa en pedazos y yo
la imite. un ser para abrazar confiar y con quien
quedarme dormido en calma. en paz. alguien a
quien no le asuste acariciarme y darme un beso
cuando sea ese el tipo de calor que necesito.
simplemente. un lugar en forma humana. al que
llamar casa. en el que sentirme a salvo. es mucho lo
que pido. tener un segundo corazón. libre de miedo.

— quiero un amigo a quien no le asuste mi sexualidad

mi sinceridad
es
sal salvaje
en tus ojos
un sonido estridente
para tus tímpanos

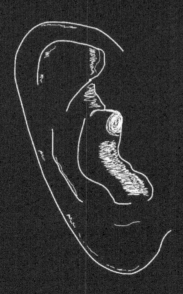

han sido
dieciocho años
ahogándome
en zumo de homofobia

lo siento
si aún vomito sobre ti
algo de aquello
de vez en cuando

— *desintoxicación*

y de nuevo. te despiertas entre lágrimas de amor. de
júbilo. de miedo. de rabia. de frustración. decidiendo
que eres tú el problema. pensando en cada parte
inmodificable de ti que desearías poder arrancar de
tu alma. solo quieres parecerte a en quienes se fijan.
incluso cuando ni tus piernas ni tu cuerpo tienen
lo que ellas sí. pero eso qué importa. cuando a
estas alturas. ya nada que no sea profundamente
inalcanzable e injusto hacia tu persona te interesa.

o en los mejores días. te sientes renovado y positivo.
y hasta te preguntas si su curiosidad de ti podría ser
lo mejor que podría ocurrirte. hasta por error. ya que
incluso serías felizmente el suyo. con tal de ser algo.
de tener algo. remotamente relacionado con amar
y ser amado. en un mundo. diseñado para que
parezca que esa sensación esté especialmente.
estratégicamente. escondida de ti.

— arcoíris en pequeñas ciudades de escasas opciones
(enamorarse de alguien heterosexual)

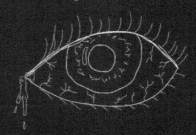

todas las mujeres y
hombres que viven en mí
están exhaustos y aterrorizados

es agotador
la idea de que
el tocar a alguien pueda ser
de alguna manera una razón
para que se cuestione su sexualidad

y es aterrador
que su incapacidad para comprenderlo
lleve a tachar de retorcido y oscuro
a algo que solo quiere luz

qué ingenuo fuiste.
al pensar
que me había apagado.
cuando tan solo guardaba
mi luz.
para convertirme en la luna.

— inmortal

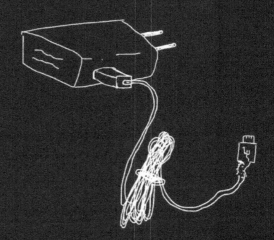

qué significa.
si yo puedo mantener mi corazón bien alto
a pesar de gotear sangre
de cien cuchillos.
apuñalando mi alma.
pero
el mero tacto.
de un cuchillo.
el simple aroma.
de la sangre.
te hace desmayarte.
acaso merezco menos comprensión.
por estar acostumbrado al dolor.
acaso merezco menos amor.

— justo

creo que
una de las
mejores y
peores partes
de ser gay es
que se puede
esconder

no todos pueden negar quienes son
tan fácilmente
cuando es conveniente

no todos pueden recordar quienes son
cuando puede ser escondido
tan fácilmente

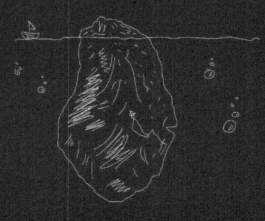

qué hacer
cuando todo lo que soy
es una controversia

— *abrazarte más fuerte*

dime
mi viejo amor
aprendiste a amarla
como dijeron que harías
alguna vez ella supo la mitad de bien
la mitad
de real
que yo
mírame a los ojos
y dime
que no piensas en mí
cuando ambos hacéis
un intento del amor

mi dulce amor. no ha habido un solo día de mi vida
en el que no haya pensado en ti. en nosotros. aunque
sea desde otra cama. en otros brazos. nunca nadie
ha reemplazado el calor de tu pecho. jamás alguien
me hizo sentir el aire. esta vida. tan densamente.
como tú hiciste. ninguna otra boca. ningún otro
cuerpo. ha encendido mis fuegos internos tan
intensamente como tú. cariño. pero mira lo
que el mundo ha hecho de nosotros.

muchas veces me he preguntado qué habría sido de
nosotros. de haber elegido la libertad ante el miedo.
a menudo. me pregunto qué dirían. qué pensaría mi
mujer. cómo reaccionarían mis hijos. si supieran
que la única vez que me sentí vivo en toda mi vida
fue cuando suspirabas en mi oído todo el futuro que
teníamos juntos. en voz baja. me pregunto si hubiera
valido la pena. arriesgar la vida para así poder vivirla.
o vivir muerto en vida a cambio de mantenerla. mi
amor. es demasiado tarde para decirte que me
arrepiento de mis decisiones. que lo siento.

demasiado tarde para decirte que lamento que estas
hayan sido mis preocupaciones egoístas. que el pánico
haya sido mi único amigo desde que nuestros labios
se tocaron. siento que me haya tomado tanto tiempo
asimilar mis sentimientos. un tiempo que no teníamos.
para entender que es un privilegio el poder amar digan

lo que digan. siento no poder deshacer lo que hecho.
no poder reconstruir lo que ya he destruido. y ahora
todo lo que nos queda son las cosas que compartimos.
y el millón de vidas que vivimos en tan solo unos
momentos. que ahora luchan tan desesperadamente
por salir de mi pecho. gritando en voz alta.
intensamente. en tu búsqueda.

ahora mismo. y por siempre. todo lo que me queda en
este mundo nuestro. es esta carta. escrita con el dolor
de mi sangre. que espero encuentre el camino hasta
tus manos a través del mar de lágrimas que quedaron
tras de mí después de todos estos años. junto con
nuestras fotografías. y nuestros recuerdos. cariño.
pues son el único lugar en el que alguna vez
pudimos estar a salvo juntos.

— *carta al amor de mi vida*

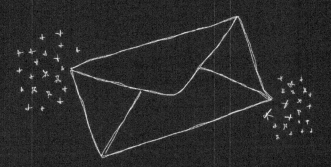

quiero un alma que
se expanda.
y contraiga.
que crezca cada una
de las veces.
que salte
de alegría.
quiero un cuerpo que sienta.

— *cuando el dolor llegue*

aún
vive
si puedes oírla

— *esperanza*

a veces tan solo
me gustaría poder
dormir sobre su alma
sin sentir que
el sexo es lo único
bello que
podría ocurrir cuando
me tiendo junto a
su aliento

— *romántico*

mi
amor.
fuiste un antes y
un después.
y
todo lo que venga
después de ti
pertenecerá a una vida paralela.
personas momentos desengaños
todos pertenecerán a una vida
que desearía que no estuviera ocurriendo
que desearía
que no fuera mi vida.

— lo que el miedo le ha hecho a nuestras vidas
(a nuestro amor)

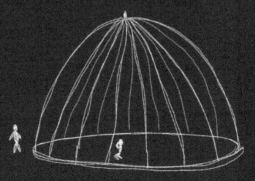

(homenaje a *llámame por tu nombre* de andré aciman)

si
tan solo haces algo a cambio de.
favor por favor.
y usas tu favor
como arma
en la cara de la persona a quien se lo hiciste.
si
el intercambio es la única forma
de amor que conoces.
tú
no sabes
lo que es el amor.

— *poder*

aunque sea solo
por esta noche.
aunque nunca
dejemos que el mundo lo sepa.
aunque tú
seas el único mundo
del que quiero saber.

— nosotros

no es lo mismo
decirte lo que
pienso. (que eres)
que decirte lo que
pienso. (que puedes soportar)

— *verdades duras*

quiero
necesito
hospedar tu cuerpo en el mío

— *inquilino*

cuando
te tumbas
a mi lado
debajo mía
en mí
para mí
dentro de mí
esto
es lo que eres
el resto
es incidental

— *revelar*

nunca me he sentido
tan perdido.
tan encontrado.
como
cuando
la noche llega
y
me hablas en voz baja.

— *intimidad*

siempre pertenecí a ti
al igual que
tú siempre perteneciste a mí
fue solo
el tiempo
el miedo
el odio
que nos separó tanto
que acabamos
perteneciendo a otros

— *realidad*

tu mente
es tu mejor amiga
y peor enemiga
es responsable
de frenarte y
hacerte avanzar

— *proactiva*

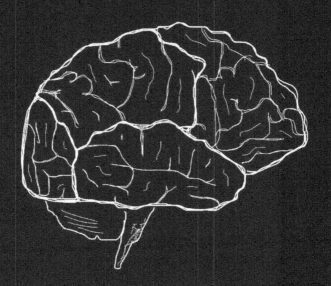

anoche.
en mis aguas más salvajes.
soñé contigo.

— *ahogar*

nunca dejes de ser una
tormenta de estrellas
solo para aliviar los celos
de una cerilla

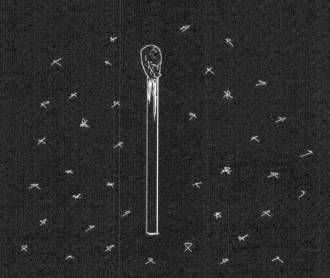

estoy enraizando.
escribiendo.
diluviando.
mi camino
de vuelta
a ti.

al odio que te consume.
procura
no alimentarlo
con el regalo de tu atención.

— *sustento*

amor de azúcar
así es como vienes a mí.
en olas.

no puedo evitar florecer
cuando escucho tu aliento

— *la cura*

esta
electricidad
dentro de mí

con tus dedos.
bajo el cielo.
siénteme.

— *constelaciones*

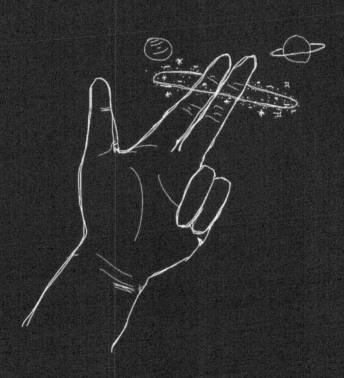

entra.
dentro.
el peso de la vida. déjalo aquí.
reposa el alma.
pon tus manos.
en mi luna.

— *hogar*

siempre podrás hablar conmigo.
yo soy tu espejo.
tu luz y sombra.
una mano para las tuyas.
calor para tu pecho.
tu patria.

— *comunidad*

por favor. háblame de ti. escucharé con todo lujo
de detalles. el solo sonido de tu voz me tiene sentado
con los codos clavados sobre la mesa. estas mariposas
en tu pecho. escuchando cada uno de tus intereses.
de tus metas. lo que te molesta. lo que te conmueve.
lo que te hace enloquecer. quiero que sientas que
estos oídos son un lugar seguro para tu confort.
un hogar para tu corazón. hacerte sentir tan
profundamente querido y admirado. como lo eres.
tus historias. tu espíritu. tu vida. son de mayor
importancia—si me permites que te lo diga. eres el
rayo de sol más lúcido que el sol ha dado a luz jamás.
y este sincero aprecio. no son halagos vacíos. sino
un recordatorio de la belleza que vive siempre en ti.
en caso de que alguna vez la olvides.

— *tú*

si quieres.
esta noche.
podríamos
romper en estrellas.

— catarsis

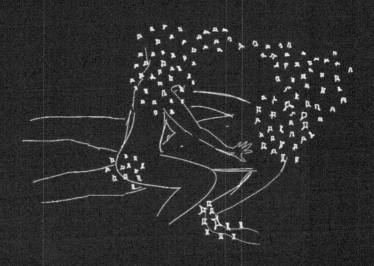

quiero que
me toques
en este sitio
entre siempre y nunca

— *espacio-tiempo*

el momento en el que crecí
no llegó en el aniversario
del día de mi nacimiento
sino el día que me permití
entender a los demás
y sus perspectivas
en lugar de juzgarles

— un lugar mejor

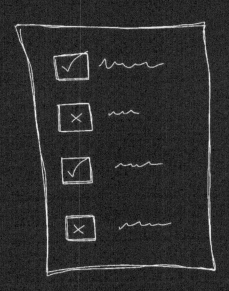

las cosas que crees
haber pensado y sentido solo tú—
créeme
yo ya pasé por ellas
a través de sangre sudor y lágrimas
estas
son nuestras batallas
de todos los días

— *juntos*

en
la noche.
en mitad de
mis océanos.
sumérgete en mí.

— *bucear en el espacio*

algo que soy
entre un millón
de cosas más es
un hombre gay

el hecho de hablar
de esa parte de mí
cuando hay un millón de otras
no significa
que eso sea
todo lo que soy

— *fragmento*

los espejos vienen a salvarme
me rompo mientras gritan
juntos o por separado
mejor o peor
aquí o lejos

siempre fuiste tú

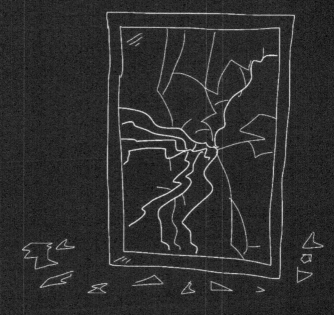

mi vida.
no te molestes en explicarlo.
nunca lo entenderían.

proyecta en ellos la luz
en la que quieres
que se conviertan

— enseñar

hay una línea infinita
de
vidas.
sexos.
géneros.
entre
ser.
sentir
vivir.
como
chica o chico.

— *identidad | no binario*

un chico
no es necesariamente chico.
por haber
nacido chico.

una chica
no es necesariamente chica.
por haber
nacido chica.

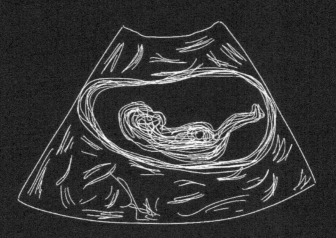

cuando
mi comportamiento como chico o chica
no corresponde con cómo los chicos o chicas
deberían comportarse según la sociedad.

— esto es la disconformidad de género

cómo
me percibo.
sea como una chica. masculina.
o quizá un chico. femenino.
lo que sea con lo que me sienta identificado.
mi derecho a percibir mi propio género
subjetivamente.

— esta es la identidad de género

cuando
no puedo evitar estar en guerra
con mi identidad de género
y mi género de nacimiento.

— esto es la disforia de género

cuando
nací simple y llanamente
capaz de amar. de sentirme atraído por personas.
de manera duradera. ya sea
afectiva. romántica. sexual. o psicológicamente.

— esto es la orientación sexual

si hubieras estado
leyendo.
todo este tiempo.
que pasaste
odiando.
hoy serías
algo extraordinario.

— *prioridad*

género
y
sexo.

— *distinción*

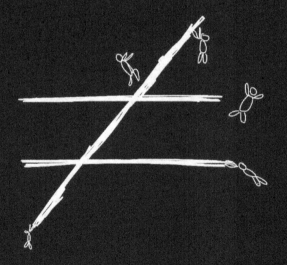

nunca te quedes
atrapado en su visión.
me oyes.
esto
no es
quien
estás
destinado a ser.
nunca escuches
su miedo.
en mitad
de sus propias aguas.
sé libre.

— *ceguera*

nutrir el alma.

— *poesía | propósito*

gay

querido mundo.

he tenido suficiente.
estas últimas semanas. meses. años. esta última vida.
ha sido demasiado desafiante para mis jóvenes pies.
no sé cómo cuando ni si decir adiós.

los más cercanos a mí me hicieron más daño que
nadie. lo que resulta irónico ya que seguramente
creerán lo contrario por el resto de sus delirantes vidas
incluso a pesar de esta carta. qué curioso. y qué triste.
cómo puede alguien verte romperte en mil pedazos
todos los días frente a sus propios ojos. y no
sospechar siquiera que podrían hacer algo más
que limitarse a juzgarte y presionarte más aún.

he estado tratando de comprenderlo. de encontrar un
lugar al que llamar corazón y quizá un alma al que
llamar hogar. he tocado fondo mucho más allá de
donde creí que fuera posible incluso poder llegar.
y todo esto me lleva a plantearme. si la vida fuera
algo automatizado. si tan solo fuera justa. tú y yo
estaríamos lejos el uno del otro. libres de dolor.
fueron las cosas más pequeñas las que más me
hundieron cuando se multiplicaron por mil.

me es imposible saber si otra vida me espera después
de mi salida de esta. una vida donde sería tratado
como uno más. o si cuando todo acabe me despertaré
para descubrir que todo esto solo fue una pesadilla. y
tendré la oportunidad de empezar de nuevo. de vivir
una vida con dignidad. como el resto hace.

si tan solo hubiera tenido la oportunidad. de ser quien
yo quisiera. libre de castigos. humillaciones. dolor.
pero lo que sé con certeza es que ya he tenido más
que suficiente. y mi alma no puede aguantar más. no
puede esperar más. para ser curada. mientras el
mundo la sigue despedazando día tras día.

no quiero seguir viviendo. mis pulmones han inhalado
mucho odio y aunque quisiera. mi sistema respiratorio
se niega a seguir respirando. dudo que lo que está por
venir pueda ser peor que lo que ya ha estado pasando.
y aunque tenga miedo. estoy emocionado. porque
puede que hoy por primera vez en toda mi vida.
me encuentre a mí mismo. en paz.

— *carta de despedida a una vida de desgracia*

mi vida.
puro
bello
e intenso
descendiente del arcoíris.

a pesar. de que la vida haya sido tan dura en tus pies.
durante estas últimas semanas. meses. años. a pesar de
lo que te hicieron. te hacen. y seguramente continúen
haciéndote. esta no es toda la historia. me escuchas.
esto es una escena. una muy dura. probablemente la
más amarga que jamás vivirás. en el cuento de tu vida.

esta. es la historia que sobrevivirás. de la que crecerás.
una para los libros. la historia que recordarás con una
fiebre nostálgica y un pequeño agujero en el pecho.
la que te hará ver las grandes cosas aún como un ser
joven y pequeño. el dolor endurecerá tu alma para
hacerte fuerte e invencible. a la vez que afectivo y
generoso.

esta es la enseñanza que te da la vida. que te das tú
mismo. porque a pesar de toda la crueldad que te
obligan a tragar. algún día. cuando la digieras. cuando
te encuentres en un lugar mejor. lejos de aquí. lejos de
la sombra. verás que esto. no era permanente. no era
la vida. sino algo circunstancial. pasajero.

nunca te olvides de la relación más importante de tu
vida. nunca te olvides de ti. sé. que sobre todo cuando
se es joven. tu espíritu es tan salvaje e intenso que
cuando las cosas van mal se siente como si el mundo
entero se tambaleara. pero debes creerme cuando te
digo que es tan solo una fase. una etapa creada por
una combinación de factores negativos. de entornos
negativos. de lugares negativos. de tiempos negativos.
para ti ahora mismo. y que más pronto de lo que crees
será tan solo un mero recuerdo cuando estés ahí fuera
persiguiendo. viviendo. tus mayores sueños. lleno.
de vida. respirando. en voz alta.

no dejes que nadie te haga creer por mucho que lo
intente que no te mereces una vida llena de amor
y respeto. tu luz sigue aquí. son ellos quienes no
aprendieron aún a verla sin cegarse y por lo tanto
sentir la necesidad de apagarla. y hacer tu esencia
desaparecer. no será nunca la respuesta. cada parte de
mí. cree en cada parte de ti. te quiero. sigue luchando.

— *carta de esperanza a una vida próxima de alegría*

estoy francamente agradecido
de que lo hice
de haberme atrevido
a hacerlo
ha
cambiado mi vida

— *quererme a mí mismo*

y
qué hay del arte de
decir *no*.
no. no me gustas.
no. no quiero hacer eso.
no. no quiero que salgamos.
no. no quiero que me toques.

— *modales | una educación adecuada*

perdónate.
cuando llenes tus partes más vacías. y desesperadas.
con malas energías.
en lugares erróneos.
de malas maneras.

sé que tuviste que hacerlo.
que
eso era mejor que seguir vacío.

perdónate.
por dejar atrás las malas energías
lugares y maneras.
cuando estés en un lugar mejor.
porque
ya ni te ayudan a crecer.
ni a evitar que te hundas.

yo soy.
no por.
sino a pesar
de ti.

— *matices*

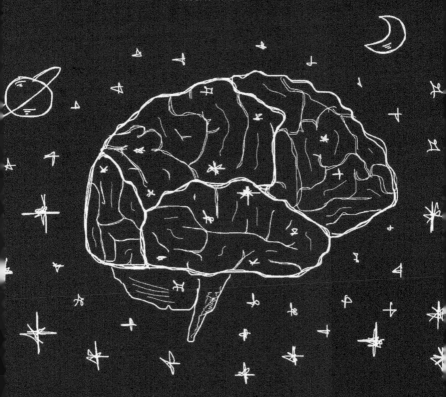

he crecido entre cortocircuitos.
y
ahora soy una tormenta de estrellas.

— epilepsia

ser sincero
no es
ser cruel.
y
ser cruel
no es
ser sincero.

estas flores que salen de mi boca
cuando hablo.
son mi lengua materna.

la verdad es
mi mayor regalo.
mi arma más poderosa.
es
el tesoro más preciado que tengo.
en mí.

— *libertad*

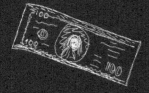

en las almas puras se
abre camino gratis pero
cuesta millones para aquellos
que viven en el miedo

— la verdad y sus impuestos

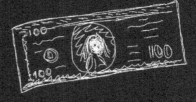

este no es un camino de ser únicamente definido
por tu sexualidad
este
es un camino de valentía
de aprender a amar lo que
fuiste forzado a crecer ocultando en vergüenza
de estar orgulloso de vivir enteramente como tú
de encontrar confort en tu propia piel
tal y como eres
ser consciente de cada parte de tu ser
haciéndolo verdaderamente tuyo
personal
representativo
abrazar una bella parte de ti que te hace
ser tú

— *más*

siempre
sé amable con tu arte.
escúchale llorar.
cura su alma.
sácalo fuera.
rómpelo.
libre.

— protégete | crítica

soy responsable.
de
poner el aliento de mi alma
en mi arte.
pero si alguien elige
malinterpretar la luz.
pensar mal de la luz.
distorsionar la luz.
ese no es mi problema.

— *responsabilidad*

nunca
estoy
solo.
si estoy
en compañía
de mí mismo.

— multitud

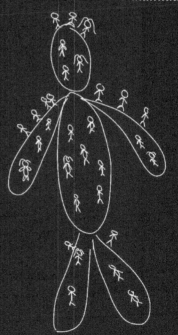

hoy quiero tomar un momento para apreciar todo lo
que tengo. en esta vida. para apreciar mi tiempo. este
aire. esta brisa imprudente que corre por mis venas.
quiero tomar una pausa. y respirar. pedir disculpas.
a mí mismo. por compararme. por comparar mi
camino. con otros. especialmente por compararme
con aquellos que fueron dados oportunidades que
yo tuve que crear por mi cuenta.

quiero pedirme disculpas por predicar fervientemente
lo que a veces yo mismo soy incapaz de poner en
práctica. por no concederme mi propio tiempo para
cicatrizar. por en lugar de eso dárselo a otros. quiero
disculparme primero y por encima de todo. por tratar
cada mañana como un hecho asegurado y no como
un regalo. como si no pudiera perderlo todo hoy y
no despertar al día siguiente. con vida. siento no ser
lo agradecido que debiera ser con las cosas que tengo
en esta vida. con las cosas que soy.

y aunque me temo que pueda olvidar de nuevo el
valor de la vida. espero encontrar en mí el coraje. el
tiempo. pero sobre todo la voluntad. para empezar de
nuevo. libre. de culpa.

— *por una vida llena de luz y libre de culpa*

estoy completo.
siempre he sido algo
completo.
y
si hay una sola cosa que
estoy seguro siempre estaré
es completo.

— lleno

vuelvo a casa.
desde
y
hacia
mí mismo.

— *viaje*

sobre el autor

alberto ramos es el joven autor e ilustrador de dos
colecciones de poesía. su primera obra *eighteen*
fue escrita y publicada durante sus dieciocho años.
en 2018 cuando aún cursaba secundaria en suecia.
expresando la tortura que vivió como joven gay en
un lugar extremadamente conservador y ortodoxo.
aunque la primera obra de alberto se centre en gran
parte en sus experiencias vividas en estocolmo. donde
estudia. ramos es originario de málaga. españa. *gay* es
un segundo volumen para *la serie eighteen*. una serie
que explora las partes más oscuras y brillantes de las
experiencias de alberto con el bullying el abuso la
pérdida la depresión el trauma la homofobia y el
amor propio como joven de dieciocho años. durante
su martirio ramos atrajo la atención de multitud de
prestigiosos medios de comunicación internacionales
con sus proyectos artísticos y su manera de lidiar con
el abuso sufrido. desde entonces alberto ha dado a
conocer su obra *eighteen* a audiencias alrededor
del mundo.

información importante

cuando sientas que el peso de tu espalda es demasiado para sostener por tu cuenta. que la vida es demasiado cruda. tanto que no merece la pena vivirla. cuando tu respiración se te haga tan pesada que no puedas evitar pensar en poner un fin a tu vida. cuando sea que cualquiera de estos pensamientos crucen tu mente (no importa la intensidad) y no encuentres solución ni manera de liberarte. por favor llama.

argentina: **02234930430**   australia: **131114**

austria: **017133374**   bélgica: **106**

botswana: **3911270**   brasil: **212339191**

canadá: **5147234000**   croacia: **014833888**

dinamarca: **70201201**   egipto: **7621602**

estonia: **3726558088**   finlandia: **010 195 202**

francia: **0145394000**   alemania: **08001810771**

holanda: **09000767**   hong kong: **2382 0000**

hungría: **116123**   india: **8888817666**

irlanda: **8457909090**   italia: **800860022**

japón: **352869090**   méxico: **5255102550**

nueva zelanda: **800543354**   noruega: **81533300**

filipinas: **28969191**   polonia: **5270000**

portugal: **21 854 07 40**   rusia: **0078202577577**

españa: **914590050**   sudáfrica: **0514445691**

suecia: **317112400**   suiza: **143**

reino unido: **8457909090**

estados unidos: **18002738255**

si eres homosexual. bisexual. lesbiana. transexual.
queer. pansexual. asexual. y demás. también puedes
llamar y escribir aquí.

(+1) 1-866-488-7386

me encanta todo lo que eres.

la serie eighteen

eighteen es el primer libro de alberto. y el primer
volumen de *la serie eighteen*. es una colección de
poesía y prosa que no tardó en convertirse en un
bestseller #1. *gay* es la segunda obra autoconclusiva
de ramos y el segundo volumen de *la serie eighteen*.
el trabajo de alberto ha sido reconocido por una gran
variedad de prominentes medios y figuras públicas
alrededor del mundo y su historia así como su obra
debut *eighteen* han sido ampliamente discutidos
en diversos contextos sociales y políticos. siendo
eighteen usado en universidades europeas para crear
conciencia sobre los relevantes temas con los que
alberto trata en sus obras.

el camino visual

alberto usa las redes sociales para representar
visualmente las páginas de *la serie eighteen*.
para verlo ser, síguelo aquí:

instagram & twitter: @albeertoramos

Made in the USA
Coppell, TX
11 June 2020

27514500R00125